THIS BOOK BELONGS TO

____

____

HAPPY
EASTER

HAPPY
EASTER

Happy easter day

HAPPY
EASTER
DAY

Happy
Easter

Happy
Easter

HAPPY EASTER

Happy Easter Day

EASTER
IS HERE

EASTER TIME

EASTER

HAPPY
EASTER

HAPPY
EASTER
HAPPY
EASTER
HAPPY
EASTER
HAPPY
EASTER

HAPPY EASTER